Disney

Bam[illegible]

Ediciones Gaviota

La primavera ha llegado al bosque. Los ruiseñores, además de anunciarla, dan otra gran noticia:
¡HA NACIDO UN NUEVO PRíNCIPE!
En cuanto los animales se despiertan corren al lugar donde descansan mamá cierva y el simpático cervatillo.
¡Qué bonito es! Aún no lo sabe, pero cuando crezca… será el gran Príncipe del Bosque.

Una vez que consigue ponerse a cuatro patas y caminar,
Bambi empieza a descubrir el mundo que le rodea.
Todo es nuevo para él.
Tambor, su amigo el conejo, le enseña lo que debe conocer del bosque: el agua, las ranas, las mariposas, las flores… y una pequeña mofeta, llamada Flor, que pronto será muy amiga de Tambor y de Bambi.

Bambi quiere mucho a su mamá, porque es muy buena y cariñosa. La cierva le cuida y le enseña los secretos del bosque.
Esta mañana le ha llevado por primera vez a la pradera. ¡Qué verde es y cuántas flores tiene!
Allí, Bambi conoce a una cervatilla llamada Falina, con la que juega y se ríe.

Mientras juega con Falina en la pradera, llega un impresionante ciervo que llama la atención de los ciervos y las ciervas.
El ciervo se acerca a Bambi y le mira fijamente.
—¿Quién es este ciervo tan majestuoso? —pregunta Bambi—.
Y, ¿por qué me mira a mí?
—Es tu padre, el Rey del Bosque —le dice su mamá.

La primavera y el verano pasaron. El invierno ha llegado y ahora resulta difícil encontrar alimento. La mamá de Bambi le enseña a chupar las cortezas de los árboles y a buscar la hierba que está debajo de la nieve. Pero hay que tener mucho cuidado. Los cazadores pueden andar cerca.

—¿Qué ruido es ése? ¡Corre, Bambi! —exclama la cierva.

Bambi corrió tan rápido como pudo hasta que llegó al bosque. Creía que su mamá le seguía, pero no era así. Cuando se volvió, no vio más que nieve y hielo.

—¿Dónde está mamá? —lloriqueó Bambi.

Su padre salió de entre los árboles.

—Tu madre ya no volverá a estar contigo. El Hombre se la ha llevado. A partir de ahora, yo te cuidaré —dijo al desconsolado cervatillo.

Pero el invierno, con su frío y sus nieves, también pasó.
Es primavera otra vez, Bambi ha crecido y se ha convertido en un apuesto ciervo.
Sus amigos Tambor y Flor se han enamorado de dos hermosas hembras y corretean felices en su compañía.
A Bambi no tardará mucho en pasarle lo mismo.
¿Quién es esa preciosa cierva que le acaricia?
Falina..., y Bambi parece estar encantado.

A otro ciervo también le interesa Falina y desafía a Bambi a luchar por ella.
Es la ley del bosque. Tienen que pelear ferozmente hasta que uno de los dos resulte vencedor.
Bambi lucha con todas sus fuerzas. No está dispuesto a perder a Falina. La ama profundamente.
Pero sus esfuerzos se ven recompensados, pues acaba venciendo al otro ciervo.
Ahora Falina y él pueden ser felices.

¡Fuego en el bosque!
Una enorme columna de humo se eleva en el aire.
Pronto el viento extenderá el incendio.
Los animales están aterrorizados y se disponen
a huir de una muerte segura.

Bambi y su padre se han entretenido ayudando a escapar a los demás animales. Han perdido demasiado tiempo y se ven envueltos por las llamas. Echan a correr desesperadamente colina arriba, para dejar atrás las ardientes lenguas de fuego.

El fuego había arrasado el bosque, pero con la llegada de la nueva primavera, la sabia naturaleza ha hecho que vuelvan a brotar los árboles y las praderas. Una vez más, los animales corren hacia un lugar conocido. Algo maravilloso ha ocurrido: el Príncipe del Bosque ha tenido descendencia: ¡dos preciosos cervatillos!

Han pasado muchos años en el bosque, pero nada ha cambiado: la vida, siempre, vuelve a empezar.

1998 EDICIONES GAVIOTA, S. L.
Manuel Tovar, 8
28034 MADRID (España)

ISBN: 84-392-0101-X
Depósito legal: LE. 1.362-1998
Printed in Spain - Impreso en España
Editorial Evergráficas, S. L.

PREGUNTAS

1. ¿Cuál es la gran noticia que anuncian los ruiseñores?
2. ¿Cómo se llaman los amigos de Bambi?
3. ¿Qué nueva amiga conoce Bambi en la pradera?
4. ¿Quién es el majestuoso venado de la pradera?
5. ¿Qué comen los ciervos en invierno?
6. ¿Por qué Bambi está tan triste?
7. ¿Qué les ocurre a Tambor, Flor y Bambi cuando llega de nuevo la primavera?
8. Bambi tiene que enfrentarse a otro ciervo. ¿Por qué?
9. ¿Por qué huyen aterrados los animales del bosque?
10. Los animales corren a un matorral que todos conocen. ¿Por qué?

1. ¡Cuántos animalitos han venido a conocer a Bambi! Pero entre ellos hay una serpiente escondida. ¿Dónde está?
2. Por la lámina hay repartidos cinco absurdos. Localízalos.
3. ¿Sabrías dibujar de un solo trazo, sin levantar el lápiz del papel y sin pasar dos veces por el mismo sitio, la mariposa de la ilustración?
4. Todas las flores están emparejadas menos una. Descúbrela.

5. ¡Qué cantidad de mariposas!
¿Puedes decirnos cuántas hay?
6. Estos divertidos animales se llaman zarigüeyas
y cuelgan de la rama siguiendo un orden lógico.
¿Cómo sería la zarigüeya que seguiría la secuencia?
7. De todos los trozos de árbol, sólo uno encaja
exactamente en el tronco partido. Dinos cuál.
8. ¿Qué camino seguirá la hormiga para llegar
desde el hormiguero hasta sus compañeras?

C
D
E
1
2
3
4

9. Une los puntos del 1 al 74 y aparecerá un dibujo.
10. Colorea a Bambi, Tambor y Flor.
11. Localiza en la sopa de letras a estos personajes relacionados con la historia: BAMBI, TAMBOR, FLOR, FALINA, PRÍNCIPE, BÚHO, MADRE, MAPACHE y MARIPOSA.
12. ¡Vaya bicho raro! Identifica de cuántos y de qué animales está formado.

RESPUESTAS

1. Que ha nacido Bambi.
2. Tambor y Flor.
3. Una cervatilla llamada Falina.
4. El padre de Bambi, el Rey del Bosque.
5. La hierba que está debajo de la nieve.
6. El Hombre se ha llevado a su madre.
7. Se enamoran.
8. Se disputan el amor de Falina.
9. Porque hay fuego en el bosque.
10. Bambi ha tenido descendencia: dos preciosos cervatillos.

SOLUCIONES A LOS JUEGOS

1. En la rama del árbol.
2. Una rana volando,
   unos cordones en el tronco,
   un tejado en la piedra,
   un pez en el bosque
   y el ratón de campo lleva
   auriculares.
3. 
4. La campanilla amarilla
   que está junto a las setas.
5. Hay 24 mariposas.
6. Tendría la boca cerrada,
   la mano derecha levantada
   y no tendría cerezas.
7. El tronco A.
8. El camino n.º 2.
9. 

11. 
12. Tiene orejas de conejo,
    melena de león, trompa
    de elefante, ancas
    de rana, patas de tigre,
    alas de mariposa, cuerpo
    de leopardo y rabo
    de toro. En total,
    ocho animales.